CRI
DE GUERRE!

OU LA

FRANCE DEVANT L'EUROPE,

Par ALFRED LEDAIN.

Prix : 50 Centimes.

DEUXIÈME ÉDITION.

Paris,

GARNIER FRÈRES, LIBRAIRES,

Palais-National, péristyle Montpensier.

1849.

CRI DE GUERRE!

ou

LA FRANCE DEVANT L'EUROPE.

Paris.— Imprimerie de COSSON, 47, rue du Four-St-Germain.

CRI

DE GUERRE!

OU

LA FRANCE DEVANT L'EUROPE,

Par ALFRED LEDAIN.

PARIS,

CHEZ GARNIER FRÈRES, LIBRAIRES,

Palais-National, péristyle Montpensier.

—

1849.

PRÉFACE.

Si je n'avais pas craint de porter à un taux trop élevé
une brochure destinée à être offerte au public à un prix
modéré, mon intention était d'abord de réunir ce petit
opuscule à celui que je viens de faire paraître tout ré-
cemment et qui a pour titre le *Socialisme* et la *République;*
par la raison que si dans l'un je traite la politique intérieure de mon pays, dans l'autre j'aborde la politique
extérieure. Ces deux parties qui doivent s'enchaîner,
forment un résumé de la politique de la France en
général. Les deux brochures se vendent séparément.
J'ai pensé que les témoignages bienveillants de MM.
Béranger, Lamartine, Victor Hugo et Armand Marrast
pourraient peut-être engager à prendre connaissance
de cet ouvrage. Je vais ici en donner copie.

« Je vous suis obligé, Monsieur, d'avoir eu la pensée de me faire
connaître votre brochure. Elle est d'un vrai patriote, d'un républi-
cain éclairé : c'est un heureux début qui mérite d'obtenir les encouragements de tous ceux qui aiment sincèrement leur pays et en
comprennent les intérêts actuels.

» C'est surtout au nom de la France qu'on doit réfuter les idées com-
munistes, qui amèneraient la ruine de notre patrie, et par conséquent
la ruine de la démocratie dont nous sommes les propagateurs en
Europe. Malheureusement, tous les partis semblent se faire un jeu
d'embrouiller les questions et d'étouffer les sentiments. Puissions-nous
voir, Monsieur, sortir enfin quelques hommes des rangs de la jeunesse, qui, comme vous, élevant une généreuse voix, nous ramènent
aux principes du progrès possible, comme l'ont entendu tous les grands
hommes de notre révolution, depuis 89.

» Continuez donc vos patriotiques efforts, Monsieur, et croyez que je serai heureux d'applaudir à vos succès.

» Recevez en l'assurance et celle de mes sentiments distingués.

» Votre tout dévoué serviteur,

» BÉRANGER.

» Passy, 15 avril 1849. »

« Monsieur,

» J'ai lu déjà non-seulement la lettre, mais la brochure, si mûre et si pleine de bon sens et de vérité, que vous avez bien voulu m'adresser.

» J'y retrouve toutes mes tendances et toutes celles du siècle. Il faut marcher là et y marcher de ce pas, ni ailleurs, ni plus vîte, ni moins vîte.

» Tout à vous.

» LAMARTINE.

» 5 avril 1849. »

« J'ai lu, Monsieur, votre remarquable écrit avec un très-vif intérêt. Vous tracez un but à tous les bons citoyens : le raffermissement de l'ordre et de la paix publique. Recevez, je vous prie, tous mes remercîments pour votre cordial envoi, et l'assurance de mes sentiments les plus dsitingués. »

» VICTOR HUGO.

» 9 avril 1849. »

« Je vous remercie sincèrement, Monsieur, de la brochure que vous avez bien voulu m'adresser, et je dois vous remercier aussi des bons sentiments qui respirent dans votre œuvre et dans votre lettre. En politique, quand on a rempli son devoir suivant sa conscience, et dans la complète mesure de ses forces, il faut savoir attendre du temps la justice qui vient toujours à son heure. Mes amis et moi, nous avons pris aisément notre parti des calomnies, et, j'ose dire, des ingratitudes. Ceux mêmes dont notre modération a servi les intérêts sont aujourd'hui les plus violents et les plus injustes. Du reste, ils ne nous doivent rien, car nous poursuivions un but plus haut, et la pensée du bonheur de la France a été le seul mobile de nos actions.

» Recevez, Monsieur, l'expression de mes sentiments dévoués.

» ARMAND MARRAST.

» 6 avril 1849. ».

AVANT-PROPOS.

Le but de cet écrit est de chercher à déterminer le rôle de la France au milieu des graves évènements qui se préparent en Europe; de résister surtout aux conseils dangereux de ces politiques qui voudraient isoler les nations les unes des autres, en un mot, pratiquer l'égoïsme sur une large échelle, au moyen de cette maxime : Chacun chez soi, chacun pour soi.

Qui ne voit qu'un semblable système aurait pour résultat de conduire à une politique négative? Quand une nation s'appelle la France, il ne lui est pas permis de s'abandonner à l'imprévu, de se soumettre à la religion commode, mais peu honorable, des faits accomplis. Les peuples, sur cette terre, ont une mission divine ; il leur est interdit de la récuser, sous peine de faillir à leurs traditions, à leur honneur !

Il est aussi un danger, dont on ne se préoccupe pas assez en France, c'est la concentration des troupes russes sur ses frontières occidentales. Cette puissance a de secrets desseins. Elle croit le moment opportun pour mettre à exécution de vastes plans dynastiques, et assouvir sa gigantesque ambition. J'appelle l'attention des hommes de cœur sur ce péril, apparaissant à l'horizon comme un point d'abord imperceptible, mais grossissant de plus en plus.

Français! l'ennemi approche! La prédiction du captif de Sainte-Hélène est sur le point de s'accomplir. L'Europe sera-t-elle républicaine ou cosaque? Nous sommes menacés des barbares. Sentinelles, prenez garde à vous!

Depuis le 24 février, l'Europe continentale bouleversée de fond en comble, tend à se reconstituer sur de nouvelles bases. Ses anciens rapports avec la France vont changer de nature. Il est utile d'étudier cette transformation, et cherchant à pénétrer les décrets de l'avenir, d'indiquer la position respective des peuples modernes à une époque moins éloignée qu'on ne le croit communément.

CRI DE GUERRE !

OU

LA FRANCE DEVANT L'EUROPE.

CHAPITRE PREMIER.

COUP D'OEIL GÉNÉRAL SUR LA RÉVOLUTION DE FÉVRIER.

A entendre certains hommes politiques, la révolution de Février ne serait que le résultat d'un coup de main irréfléchi, une surprise imposée à une grande nation par la contrainte morale d'un fait sur lequel on ne pouvait revenir sans un grave danger pour la société. Ces assertions sont erronées de tous points.

Dire que la France se soit laissé imposer un gouvernement et conduire par des hommes n'ayant au début à leur service d'autre force que l'éloquence chaleureuse d'une conviction sincère, est une niaiserie sans nom ; c'est faire injure au pays le plus courageux de la terre, lui prodiguer l'outrage, l'accuser enfin d'avoir commis une lâcheté ! Comment ! une minorité factieuse, dites-vous, vient renverser un gouvernement, se substituer à sa place, et gouverner, sans avoir besoin d'aucun concours armé, et vous, majorité représentant le pays, vous courbez la tête sans mot dire, sans protester contre une semblable usurpation ! Chefs de la majorité, où étiez-vous lorsque la dynastie, que vos conseils ont conduite à l'exil, vous cherchait en vain pour la soutenir et la défendre ? Ce mal irréparable après la chute, qui l'a rendu tel ? Ce n'est point au pays qu'il faut s'en prendre.... Il est commode d'effacer son manque de courage et son irrésolution habituelle sous l'immensité d'un mot aussi vague que celui de majorité. Les majorités, comme les minorités, suivent des drapeaux. Le drapeau est à la politi-

que ce qu'il est à un régiment : c'est-à-dire que, lorsqu'on a la
prétention de servir de guide à une opinion quelconque, il ne
faut pas la déserter au moment du danger. Au 24 février, votre
poste d'honneur était aux côtés du roi. Grands politiques, ne
cherchez pas de cause là où elle n'est pas. La France n'était
pas républicaine, selon vous ; je répondrai , à ce sujet , que
si elle ne l'était pas, elle a fort bien pu le devenir en vous voyant
afficher pour cette forme de gouvernement un enthousiasme
très édifiant, ma foi , et l'enthousiasme est communicatif :
vous le savez mieux que personne.

Vos scrupules sont un peu tardifs. Serait-ce du remords
par hasard ? Si votre conscience vous reproche vos apostasies
nombreuses, n'attendez pas l'impénitence finale. Il est temps
encore, par pudeur, ne lancez pas la république où vous
avez entraîné la monarchie, car alors ce qui pouvait passer
à une autre époque pour une faute, passerait maintenant pour
un crime.

Quant à prétendre que la révolution n'a été qu'un coup de
main , une bourrasque populaire ayant dépassé le but que les
chefs du mouvement s'étaient proposé : autre absurdité.

Il est assez accrédité , je le sais, que si Louis-Philippe avait
accordé la réforme réclamée par le bon sens public, la révolution n'aurait pas eu lieu.

Véritablement je ne sais que penser de ces réflexions voulant passer pour profondes, et qui ne méritent pas qu'on s'ar-
rête à les discuter.

Si Louis-Philippe avait accordé la réforme électorale, dites-
vous, la révolution n'aurait pas eu lieu ; c'est vouloir prouver
qu'il n'y a point d'effet sans cause. Je doute que l'idée soit
nouvelle. En vérité, avec les hypothèses les plus raisonnables,
vous arrivez à des conclusions sans valeur, quoique vraies au
fonds. Avec des si, il est facile de prouver ce qui ne prouve
rien. Passons à quelques exemples.

Si aux États-Généraux de 89, il n'y eût pas eu lutte entre
les Ordres et le Tiers, Louis XVI n'eût pas fait fermer la salle
des séances.

Si Louis XVI n'avait pas dissous les États-Généraux, le Tiers-État ne se serait pas rassemblé au Jeu-de-Paume, il ne se serait pas constitué en assemblée nationale constituante, et n'aurait pas décrété l'abolition du régime féodal, dans la nuit du 4 août.

Si l'empereur n'avait pas essuyé les désastres de Moscou, s'il n'avait point entrepris la guerre funeste d'Espagne, s'il n'avait point été trahi, il n'aurait peut-être pas été vaincu à Waterloo.... et la France aurait encore une partie des frontières que l'invasion lui a ravies.

Si Charles X avait respecté la Charte et n'avait point signé ses fameuses ordonnances, il n'aurait point expié dans l'exil son manque de foi.

Si Louis-Philippe n'avait point porté atteinte au droit de réunion, en interdisant un banquet, il serait encore aujourd'hui roi des Français,

J'irais loin, si je voulais mentionner les faux pas qu'une conduite sage aurait pu éviter aux gouvernements, quels qu'ils soient. Revenir après coup sur ce qui a été fait est puéril ; au lieu de présenter ce qui aurait pu être, pourquoi les hommes d'État ne tirent-ils pas profit des enseignements de l'histoire ? Il est étrange que les gouvernements se succèdent et ne tiennent aucun compte des erreurs de leurs devanciers. C'est toujours le même thème, quoique avec des acteurs différents. Le pouvoir a donc la propriété d'aveugler ceux qui y sont portés !

Les révolutions sont amenées généralement par des causes peu en rapport avec les secousses qu'elles motivent. Lorsqu'un peuple est fatigué d'un gouvernement, qu'il a bu jusqu'à la lie la coupe d'amertume qu'on lui présente journellement, les prétextes les plus futiles lui servent à engager la lutte.

En février, personne ne se doutait que le banquet dût être l'écueil redoutable contre lequel viendrait se briser l'entêtement d'un vieillard renommé par son expérience des hommes et des choses. Une ordonnance de police amener une révolution ! voilà ce qui confond l'intelligence, répètent les gens qui veulent mesurer tout à leurs petits intérêts , bien mesquins, bien misérables , incapables de jeter les yeux au delà de leur comptoir. Et oui, une révolution peut sortir d'un fait insignifiant ; le nier, c'est n'avoir pas étudié les grands évènements qui se sont passés depuis des siècles.

Lorsqu'une révolution éclate chez un peuple ; le but n'est pas déterminé à l'avance d'une manière précise. L'oppression, l'arbitraire, la corruption, le délaissement de l'honneur d'un pays, sont autant de raisons qui portent les populations à se soulever. Elles se réunissent pour la lutte , se soutiennent avec une entente admirable, que l'on croirait préparée, et qui ne l'est pas cependant ; elles se comprennent par intuition. Venez leur demander ce qu'elles ont l'intention d'établir à la place du gouvernement déchu , elles vous répondront : Nous souffrons, nous sommes opprimées, notre premier devoir est de renverser l'oppresseur ; une fois vainqueurs, nous aviserons... Les révolutions se règlent et agissent suivant les circonstances où elles se trouvent , et surtout suivant les résultats obtenus.

Une révolution ne réussit qu'à demi ; le pouvoir résistant n'est point abattu ; qu'arrive-t-il ? Il y a compromis entre les deux partis. Des réformes sont accordées au pays ; elles ne sont pas radicales ; il faudra une nouvelle révolution qui les complète. Que la révolution soit victorieuse , elle suivra son cours naturel et marchera jusqu'à sa dernière limite.

La France était-elle préparée à la forme républicaine en février? Là est toute la question. Je ne crains pas de l'affirmer : le mot de république n'avait peut-être pas de sympathies ; quant aux institutions qui y sont attachées , c'est différent.

Depuis une trentaine d'années , la France s'est aguerrie aux luttes parlementaires ; son éducation politique s'est formée peu-à-peu. Éclairée sur ses droits par la presse et les hommes éminents dirigeant l'opinion, elle en est venue à surveiller elle-même, avec une susceptibilité jalouse, les actes de ses gouvernants. Deux fois, en moins de vingt ans, elle a renversé un pouvoir voulant lui ravir ses libertés ; n'est-ce pas reconnaître que le pays est suffisamment mûr pour une forme de gouvernement appelée à se prêter à ses besoins d'une manière plus complète.

La monarchie, brisée quatre fois depuis cinquante ans, dénote assez d'indifférence de la part des populations pour cette forme de gouvernement. Les mêmes erreurs reproduiraient inévitablement les mêmes effets ; aussi la France, en février, a-t-elle accepté franchement les institutions républicaines. Or, peut-on raisonnablement appliquer à une monarchie ce qui lui est le plus antipathique. Non, vraiment. Alors, à quoi bon ergoter sur des choses irréalisables.

La France désire la monarchie ou la république ; il n'y a point de milieu. Avec la monarchie, nous retournons droit au despotisme, ce gouvernement étant inconciliable avec la liberté ; l'expérience l'a démontré d'ailleurs. Avec la république, nous continuons pacifiquement l'œuvre de progrès entreprise en 89 par nos pères. La révolution de février a été comprise dans ce sens par la France.

Je ne puis croire qu'un mouvement dont le contre-coup s'est fait sentir à Berlin, à Vienne, à Prague, à Pesth, etc., soit une erreur condamnable, une copie malheureuse.

Sachez-le, les peuples ont un instinct merveilleux ; ils reconnaissent de prime-abord la sainteté et la justice d'une cause, une révolution où la science des diplomates déroutée ne voit qu'une révolte sans importance, facile à comprimer. Ceci est un châtiment de Dieu ; il frappe d'aveuglement les puissants de la terre quand il a prononcé leur condamnation !

La révolution de Février est européenne. La France a donné le signal ; il lui a été répondu.

En 89, notre révolution, radicale chez nous, n'atteignit que superficiellement le reste de l'Europe. Le despotisme avait trop de force pour être atteint. Effrayés néanmoins du rayonnement de nos idées, les rois se coalisèrent et lancèrent leurs nombreux bataillons sur nos frontières. Notre génie révolutionnaire s'incrusta victorieusement au sein de ce même despotisme. Promenées de capitale en capitale, nos légions, accablées sous le poids de leurs lauriers, finirent par succomber après une défense héroïque. Le désastre du Mont-Saint-Jean raffermit les trônes vermoulus de la Sainte-Alliance. Les journées de février devaient reprendre l'œuvre interrompue de nos pères. Ils ont semé dans les plaines de la Germanie les idées d'indépendance. Le germe longtemps contenu, développé tout à coup au soleil vivifiant de la liberté, est enfin apparu resplendissant et terrible aux monarques épouvantés ! Il a surgi au milieu des orages et des tempêtes ! résister à ce tourbillon irrésistible était impossible ; les rois ont conjuré le péril en cédant une partie de leurs prérogatives. Ils respirent, et pensent avoir vaincu l'hydre révolutionnaire.... Insensés ! n'apercevez-vous pas ces caractères flamboyants inscrits sur les murailles de vos palais ? Signes mystérieux et prophétiques, ils brillaient d'une lueur sinistre sur les murs de la salle du festin de Balthazar. Arrière, tyrans ! Il est trop tard ; vos réformes ne reculeront votre chute qu'afin de la rendre plus éclatante.

En février 1848, l'Europe avait encore conservé son ancien régime féodal ; notre révolution l'a aidée à le détruire. Il résiste et résistera peut-être encore quelque temps ; vains efforts, l'édifice est entamé, il s'écroulera avant peu.

CHAPITRE II.

LA GRANDE-BRETAGNE ET SA MISÈRE.

Lorsqu'on examine la marche régulière du gouvernement de l'Angleterre, on est porté à penser que ce pays jouit d'une sécurité parfaite. Immobile, au milieu des transformations qui s'opèrent autour de lui, il sert à tort de parrallèle et d'exemple aux partisans du système constitutionnel. Ce calme à la surface est perfide et mensonger : il cache dans ses profondeurs des souffrances et des douleurs inconnues aux autres nations.

Il semblerait que notre révolution de février n'a produit aucune commotion chez nos voisins. C'est une erreur. Pas plus que l'Europe continentale, l'Angleterre n'a échappé à l'influence de nos idées. Seulement, sa machine politique, vigoureusement constituée, n'a point été ébranlée sensiblement comme celle des souverains du nord. Février a profondément remué les masses en Angleterre. Les priviléges de la noblesse sont supportés avec impatience par une population froissée par l'amer contraste d'une opulence outrée et d'une misère effroyable. L'Angleterre ne peut se comparer à aucun peuple. Ce qui pour elle est une source de richesse, serait pour une autre une source de ruine.

Cette nation est un vaste comptoir, où chacun apporte son esprit mercantile et aventureux. Soumise aux lois rigoureuses du commerce qui servent de régulateur à sa politique, elle sera perdue du moment où son crédit sera ébranlé. Comme tout négociant, l'Angleterre peut faire banqueroute. Elle ne vit pas pour elle, mais pour les autres. Elle dépend donc entièrement de ses consommateurs. Du jour où l'Europe se sera affranchie, au moyen de son industrie, du joug des produits anglais, de ce jour datera la décadence de cette puissance. Napoléon avait touché la plaie au vif, en attaquant ce colosse aux pieds d'argile par le blocus continental. Cette machine de guerre peut atteindre l'Angleterre en pleine paix, par la perfection de la main d'œuvre chez les autres nations.

Il y a en outre un cancer attaché au cœur de la Grande-Bretagne, c'est la misère. Que les ouvriers des manufactures affamés et irrités enfin de leur long martyr, se coalisant et organisent une grève monstre, l'orgueilleuse Albion est tenue fatalement de rendre le dernier soupir. Depuis février, il en a existé plusieurs qui ont inquiété vivement le gouvernement. C'est un symptôme grave.

Au commencement de ce chapitre, je dis que notre révolution a porté un coup terrible à l'Angleterre, j'expliquerai plus loin cette pensée par l'exposé du chartisme.

Ce n'est point la constitution de son gouvernement qui sauvera cette nation de la misère montant de plus en plus vers les classes aisées de la société, et qui l'engloutira au milieu d'une catastrophe épouvantable. La question de la misère une fois débattue sur la place publique sera aussitôt jugée. Il n'y aura en Angleterre qu'une révolution de ce genre. Alors son influence politique, après cette crise, sera anéantie; elle pourra dire comme Carthage qu'elle a vécu !

La richesse commerciale de l'Angleterre, et sa prépondérance sur les marchés de l'univers, proviennent d'un système d'une cruauté et d'une immoralité révoltantes.

Produire au meilleur marché possible, afin de vendre moins cher que ses concurrents. Voilà son but fixe et persistant.

Il n'est pas difficile de comprendre que ce n'est qu'au moyen de l'abaissement successif et graduel du prix de main d'œuvre qu'elle se soutient avantageusement. Elle spécule sans cesse sur le pain du pauvre, lui retire le nécessaire au fur et à mesure des progrès industriels de l'Europe, et est entraînée fatalement dans cette voie par la nécessité de se maintenir comme nation. Où la conduira une semblable spéculation faisant d'une créature de Dieu une machine ambulante, à laquelle on refuse les aliments nécessaires à son mouvement automatique ?... à sa ruine !... Qu'on ne vienne donc pas nous effrayer de l'Angleterre. L'Irlande et les chartistes lui donnent assez de soucis...

Obérée par les dernières guerres de l'empire et sa taxe des pauvres, qui oblige une partie de la nation à empêcher l'autre de mourir de faim, l'Angleterre n'est pas ce qu'elle était jadis. La paix ne suffit pas à l'écoulement de ses marchandises. Que serait-ce si la guerre venait ajouter à ses complications intérieures ?

Puisque j'ai parlé des chartistes, exposons ici succinctement leurs doctrines et le but qu'ils se proposent, en agitant le pays par des meetings devenus de plus en plus menaçants depuis notre dernière révolution. Cette agitation locale au début, tend à s'étendre, et n'est que le prélude de la catastrophe qu'on peut prédire.

Le chartisme est né des crises manufacturières. L'abaissement exagéré des tarifs de main d'œuvre, est la cause première de cette association immense qui n'est qu'une coalition des ouvriers contre les maîtres. Toute industrielle, dans le principe de sa création, son programme s'est accru et est devenu industriel, politique et social.

Les moyens d'action de cette association sont formidables,
si l'on considère qu'elle réunit près de quatre millions d'adhé-
rents, unis étroitement par une même communauté d'intérêts.
Ils obéissent fidèlement aux ordres de leurs chefs, et commencent à faire plier sous leur loi, les patrons dont ils dépendaient
jadis.

Avant d'être disciplinés, ils commettaient des actes de violence; mais ils ont été réprimés sur-le-champ. Ils ont alors
compris qu'ils faisaient fausse route. Les moyens légaux leur
permettent de s'organiser pacifiquement; ils en ont profité et
présentent actuellement une société qui a ses ramifications
dans les villes et bourgs les plus importants de la Grande-
Bretagne : c'est dire qu'à un moment donné, et sous l'impres-
sion de passions fomentées adroitement, le chartisme peut
changer ses allures, et de pacifique devenir guerroyant. Mis en
contact avec les mendiants de l'Irlande, ligué avec le reappeall,
qui lui résistera ?

C'est à tort que le chartisme a été comparé au socialisme.
Cette maladie incurable est inhérente à l'organisation même
de la société anglaise; elle ne se présente dans aucun pays,
parce que l'Angleterre est régie par des lois particulières, et
que les vices comme les qualités de son gouvernement lui sont
propres. Vouloir les copier, serait imiter ses défauts, sans com-
pensation.

La liberté anglaise si vantée n'est qu'apparente. Chez un
peuple où l'oligarchie est la base du gouvernement, et où la
propriété est inféodée à quelques hauts barons possédant le
monopole de toutes les choses nécessaires à la vie, est-il permis de présenter comme parfaites des institutions aussi tyran-
niques ?

Un salaire suffisant, en échange d'un travail raisonnable,
voilà le mot de ralliement des chartistes. Avant février, cette
devise n'avait point encore été l'objet de manifestations par
trop pressantes; depuis, des réunions de 400,000 d'hommes
sont venues appuyer de leur imposante unanimité ce cri, fidèle
interprète des vœux de la classe ouvrière. Des réformes sont

réclamées avec instance par les hommes prévoyants, effrayés de l'avenir. M. Cobden est un des plus vigoureux champions de cette école de novateurs ; mais personne n'ose aborder ces questions brûlantes. L'édifice du gouvernement anglais ne permet pas qu'on le corrige ; y toucher, quoique partiellement, serait en détruire l'harmonie trompeuse.

Le chartisme est le premier symptôme de la décadence manufacturière en Angleterre.

Tant que cette nation a été en voie de prospérité, qu'elle a régné sans partage sur tous les marchés du globe, l'essor vigoureux et colossal imprimé à ses manufactures a dû enrichir ses comptoirs et procurer à ses ouvriers une honnête aisance. Mais cette production disproportionnée devait à un temps donné amener des crises. La consommation n'étant plus en rapport avec elle, le manufacturier, ayant sa ruine en perspective, a été contraint d'abaisser ses tarifs, par suite les salaires ; et de l'abaissement continu des salaires est venu l'association des ouvriers contre les maîtres, le *chartisme*.

Cette analyse suffit pour donner une idée du sort peu enviable des populations anglaises. Que l'Angleterre se proclame la reine des nations, libre à elle ; cela n'empêchera pas d'apercevoir à travers la pourpre dont elle entoure son orgueil, la lèpre hideuse qui la dévore.

Passons à la politique extérieure de la Grande-Bretagne. De ce qui précède, il ressort que l'intérêt de ses manufactures sera l'arbitre suprême de sa diplomatie. Ecouler le trop plein de ses dogs, voilà sa politique. L'honneur n'est pour elle qu'un moyen de propagande industrielle. Rien pour rien, telle est sa devise. Son alliance n'est donc qu'une duperie. Chez le diplomate anglais, on retrouvera toujours le marchand. D'une main, il vous présentera son appui, de l'autre un traité de commerce. Résistez à l'exigence de ses tarifs favorables, seulement à ses nationaux, ses protestations d'amitié se changeront subitement en froideur hautaine, si vous êtes puissant ; en menaces si vous êtes faible. Bien plus, dans le dernier cas, si son commerce l'exige, elle vous forcera à devenir son intime allié, sous peine d'être bombardé par ses vaisseaux.

Un intérêt sordide l'unit à vos destinées, le même intérêt la dégage de ses serments. Amie la veille, elle devient votre ennemie sans plus de scrupule.

Au milieu des évènements qui se précipitent en Europe. Remarquez son attitude. Elle se renferme dans une expectative prudente. Soutenant d'abord ouvertement Charles-Albert et les Siciliens, parce que la France s'était prononcée énergiquement, et que les puissances du nord étaient trop occupées pour se mêler à la lutte, elle recule maintenant que la Russie et l'Autriche paraissent unies étroitement. L'Italie a ses sympathies, dit-elle ; mais entre la politique d'il y a un an, et celle qu'elle s'apprête à suivre, il y a une différence notable. Elle proclamait alors ses intentions, maintenant elle se tait. On ne peut pas dire qu'elle soit hostile, on ne sait si elle est favorable. Lors de la fameuse médiation pour l'affranchissement de l'Italie, l'Autriche expose qu'elle ne traitera que sur les bases des traités de 1815, la France, par son manifeste, les ayant déclarés de nulle valeur, il était impossible qu'elle acceptât cette prétention. Que fait l'Angleterre. En se portant médiatrice avec la France, il est entendu qu'elle avait dû se mettre d'accord avec cette dernière sur la base même de la médiation, sans quoi son concours était négatif. Eh bien, y a-t-il une pièce diplomatique émanée du cabinet anglais où sa pensée soit connue clairement sur cette question fondamentale de la future politique en Europe. Nullement. Elle a su ménager l'Autriche, ménager la France, ménager tout le monde, se tenir dans cette réserve qui ne dit ni oui ni non, et qui fait espérer à chaque parti un appui qu'on refuse peut-être à tous deux. L'Angleterre louvoie en attendant la marche des évènements. Alors seulement, elle pèsera l'avantage matériel de telle alliance plutôt que de telle autre.

CHAPITRE III.

L'ALLEMAGNE UNITAIRE.

La révolution de février a été au peuple allemand ce que la révolution de 89 a été à la nation française. A cette époque, le régime féodal divisait la France en provinces possédant leurs franchises, et résistant souvent à l'omnipotence royale.

L'unité de la France, qui fait sa force, ne date véritablement que du moment où ces distinctions de Bretons, de Bourguignons, de Normands, de Comtois, furent abolies, et se réunirent dans un faisceau de trente millions d'hommes, ne portant plus qu'un nom, celui de Français.

L'Allemagne est toute féodale. La divisibilité calculée de ses principautés la livrait jusqu'à présent à l'influence du suzerain, l'empereur d'Autriche, chef de la confédération germanique. Resserrer les tronçons épars d'un peuple parlant la même langue, anéantir jusqu'aux vestiges de cette féodalité, souvenir du moyen âge, tel est le caractère que notre révolution a imprimé à ce pays.

L'Allemagne commence notre période révolutionnaire de 89. Tiraillée par deux pouvoirs rivaux, l'Autriche et la Prusse, de quel côté penchera la balance, c'est ce qu'il importe d'étudier. Elle a merveilleusement compris son nouveau rôle. L'Assemblée nationale de Francfort a été instituée avec la mission de constituer l'Allemagne en corps de nation. Il y a trop peu de temps que cette question de régénération de l'Allemagne est discutée pour qu'elle soit résolue dès son début, aussi est-il douteux que l'Assemblée nationale de Francfort décide rien de positif. Elle posera des jalons, une base sur laquelle ce travail compliqué se régularisera plus tard.

J'ai parlé de l'Autriche et de la Prusse. Ces deux puissances, unies jusqu'ici, seront ennemies le jour où l'une d'elles aura la suprématie sur l'Allemagne, ce qui ne peut tarder à arriver.

Laquelle de l'Autriche ou de la Prusse est appelée à jouer

le rôle le plus important en Allemagne. Évidemment c'est la Prusse.

Cette nation, de création récente, est en grande partie formée d'Allemands. Remplie de sève et ambitieuse, de simple duché elle s'est agrandie depuis cinquante ans d'une manière incroyable. Son énergie toute juvénile entraîne donc dans son cercle d'action les petites principautés ses voisines, qui subissent son influence sans murmurer, la Prusse étant avant tout un peuple allemand.

La position de l'Autriche est moins avantageuse. Son vaste empire est un mélange incohérent de nationalités diverses, sans lien entre elles, et disposées à se livrer bataille pour le moindre prétexte.

L'élément allemand ne domine pas en Autriche. Il n'est que le tiers des autres peuples. Il ne forme que le duché d'Autriche, ajouté à des colonies allemandes disséminées au milieu de races contraires.

Vouloir rattacher l'Autriche à la nation allemande, est fort difficile, peut-être impossible. En effet, que dit la constitution élaborée par l'assemblée nationale de Francfort? « Que les populations allemandes, à l'exclusion de toute autre, seront rattachées à la grande nation allemande, et ne formeront qu'un seul peuple obéissant à des lois prises en commun. »

Conséquemment l'Autriche se trouve scindée en deux parties : la partie allemande de son empire, soumise à d'autres lois que les siennes, et la partie non allemande formant un État réuni de droit, séparé de fait. De telle sorte que si la race allemande, par suite d'un conflit, déclarait, je suppose, la guerre à la race slave, les Allemands de l'Autriche, aux termes de leur contrat avec l'union allemande, seraient tenus de marcher contre les peuples slaves formant la plus grande partie de l'empire d'Autriche. Quelle situation fausse ! La logique est impitoyable et entraîne à des conséquences inévitables. L'Autriche, placée entre deux embarras, doit réfléchir mûrement sur sa position critique. Elle ne peut être allemande et slave à la fois. Qu'elle abandonne la partie allemande à l'Allemagne et qu'elle fonde un nouvel empire. Sans quoi, réunir ce que l'Allemagne veut séparer, c'est engager la lutte avec une nationalité ennemie jurée de celle qui domine dans ses États. L'Allemagne, d'ailleurs, saisirait ce prétexte avec avidité, afin de trancher une difficulté insoluble, de quelque façon qu'on l'envisage.

En présence d'une semblable situation, le rôle de la Prusse est bien simple. Il consiste à tenir en éveil la susceptibilité nationale, si chatouilleuse chez les Allemands. Sans avoir l'air de peser sur les délibérations de l'assemblée de Francfort, elle primera les débats par l'adresse avec laquelle ses partisans feront ressortir l'inconséquence d'une solution autrichienne qui livrerait à des races hostiles, l'emportant par le nombre, les destinées de l'Allemagne.

Il est aussi une raison qui engage l'Allemagne à s'éloigner de l'Autriche.

La démocratie, de l'autre côté du Rhin, est très avancée. On peut dire des Allemands, en général, qu'ils sont mûrs pour la liberté. Ils ont salué avec acclamation la révolution de février, et l'unité nationale rêvée par eux n'est que le moyen assuré de se débarrasser d'un despotisme qu'ils ne peuvent plus supporter. Enchaînés aux caprices d'une multitude de petits roitelets, ils veulent en finir, et tous leurs efforts tendent vers le but de leur émancipation.

Le régime constitutionnel est la transition nécessaire entre l'absolutisme et la liberté; ils l'ont accepté et le font servir à leur éducation politique. Fractionnée à l'infini, il y aurait danger pour l'Allemagne à passer brusquement de son ancienne condition à celle vers laquelle elle marche, la démocratie pure.

Les rivalités des cités entre elles s'opposeraient à une fusion où la prépondérance de l'une froisserait l'orgueil de l'autre. Amenée avec ménagement, cette conciliation impossible à présent, sera réclamée plus tard dans l'intérêt commun.

L'Allemagne est destinée à être l'auxiliaire de la France, lorsque le choc des idées absolutistes et libérales amènera une conflagration européenne.

Elle sent tellement que son ennemi n'est pas du côté du Rhin, mais bien du côté du Volga, que l'entrée récente des Russes en Autriche a produit une émotion indicible dans toute l'Allemagne.

Les regards sont tournés avec anxiété vers la Russie. On s'attend à une invasion de cette puissance contre la révolution. La confédération complète ses armements de défense, et le gouvernement de la Prusse elle-même, ancien allié de la Russie, est forcé d'obéir au courant démocratique, entraîné par le sentiment national, plus fort que les calculs d'ambition et d'intérêt. Et notez que dans le cas qui nous occupe, l'intérêt de la Prusse est conforme à la voix du peuple. Se mettre à la tête de l'Allemagne, résister au flot moscovite, c'est acquérir sans contestation la suprématie qu'elle ambitionne, ruiner les espérances de l'Autriche et appeller sur elle la malédiction d'une nationalité résistant énergiquement à une autre.

J'ai dit que la démocratie avait de vives sympathies en Allemagne. L'Autriche n'est pas si avancée que cette dernière à beaucoup près. Soumise à un despotisme abrutissant, la partie allemande de cet empire, plus avancée que les autres nationalités à répondu à l'appel de ses frères de Berlin, et a conquis une constitution, qui est et sera encore scellée du sang généreux de plus d'un martyr! Les races distinctes qui composent ce pays ont aidé puissamment le gouvernement à se parjurer et à violer une constitution qu'il avait octroyée sous le coup de la peur. Il avait fait ses réserves, et ne manqua pas, lorsqu'il trouva le moyen d'exciter dans son empire les haines des populations les unes contre les autres, de lever le masque et de porter la main sur des libertés qu'il croyait avoir la force d'écraser impunément. Il se trompa, et la bataille commencée n'est pas prêt de finir. Le châtiment mérité de sa conduite déloyale aurait même atteint ce gouvernement perfide, s'il n'avait appelé à son aide les baïonnettes étrangères. Tache indélébile qui a souillé son drapeau, et qui imprime le nom de trahison sur cette page de son histoire! Les Autrichiens eux-mêmes ont flétri cette mesure honteuse et non justifiée, et n'en parlent qu'avec indignation. C'est en vain qu'un pouvoir se débat et lutte contre le flot montant de la démocratie. Il sera brisé, malgré ses efforts.

On voit par la politique si différente de la Prusse et de l'Autriche, que l'Allemagne ne peut hésiter entre ces deux gouvernements. La première suit franchement le mouvement démocratique, la seconde y résiste de toute l'énergie d'un désespoir aux abois. Se livrer à l'influence de la Prusse, c'est l'avenir; se condamner au protectorat déguisé de l'Autriche, c'est le retour vers le passé, avec la perspective des Cosaques, qui sont là au besoin pour précipiter le mouvement.

CHAPITRE IV.

L'AUTRICHE ET SES NATIONALITÉS DIVERSES.

Avant Février, l'Autriche était considérée, avec raison, comme l'un des plus puissants royaumes de l'Europe. Héritiers de la couronne séculaire de Charlemagne, ses empereurs régnaient sur de vastes régions. Asservis et dominés par un gouvernement despotique, les peuples de cet empire n'avaient point encore tressailli aux accents de la liberté. Une longue oppression engourdit les âmes et les plonge dans une apathie somnolente, qui ne peut être secouée que par une forte commotion.

La révolution de février a réveillé l'Autriche de sa léthargie. Notre puissante voix révolutionnaire a poussé le cri de délivrance; il a traversé l'espace avec la rapidité de la foudre, et est venu ébranler sur son trône le descendant de la puissance de Charles-Quint !

De tous les souverains de l'Europe, l'empereur d'Autriche est celui qui a le plus à redouter du coup terrible qui a sapé l'autorité des rois. Si l'Allemagne tend à rassembler ses forces éparses, par l'attraction irrésistible d'une même nationalité, l'Autriche, par la même raison, est poussée dans une voie contraire. Ce phénomène curieux ressort de la constitution même de ce pays. En effet, qu'est-ce que l'Autriche? Ainsi que je l'ai dit au chapitre précédent, c'est une réunion confuse de peuples divers, divisés par les mœurs, divisés par la religion, divisés par la langue, signe distinctif où l'on reconnaît une nation homogène, ayant des conditions de durée. Et ceci n'est pas une vaine classification. Observons les nations disséminées sur la surface du globe. Est-ce que les grandes familles parlant une même langue ne sont pas réunies en corps? Si, vraiment. Ce sont les conditions naturelles, nécessaires à la formation d'une nation. Autant de divisions de langues, autant de divisions parmi les peuples. Telle est la loi de Dieu. Les conquérants ont bouleversé cette harmonie de la nature, et ont violemment réuni ce qui devait être séparé pour toujours. Qu'en résulte-t-il? qu'à certaines époques ces nationalités, brusquement arrachées à leurs traditions, reprennent le cours de leurs destinées. La violence a consacré l'injustice; la violence consacrera de nouveau la réparation.

Ce moment est arrivé pour l'Autriche. Formée de cinq races distinctes : la race allemande, la race slave, la race madgyare, la race italienne, la race tscheche ou bohème, auxquelles viennent se grouper d'autres ramifications de peu d'importance. Ces peuples, depuis Février, réclament chacun leurs franchises. Les uns exigent leur séparation, non de droit, mais de fait; les autres, leur séparation de droit et de fait; tous veulent s'isoler de la centralisation à laquelle ils ont été soumis jusqu'ici. Que voyons-nous? Les Allemands rêvent leur adjonction à l'Allemagne unitaire ; les Slaves ainsi que les Tscheches désirent former un État indépendant, et se préparent en silence à le conquérir par les armes ; les Madgyares combattent pour conserver leur nationalité antique, et si l'Autriche ne cède pas sur ce point, elle pourrait bien perdre avant peu un des plus beaux fleurons de sa couronne ; les Italiens, eux, prétendent rompre irrévocablement avec elle. De quelque côté que le gouvernement porte ses regards, c'est donc la guerre. Guerre avec l'Allemagne, qui attire ses Allemands du duché d'Autriche ; guerre avec ses propres sujets allemands, répudiant leur nom d'Autrichiens ; guerre enfin avec les Slaves, les

Tscheches, les Madgyares et les Italiens; je n'en veux pour preuve que l'état de siége proclamé dans presque tout l'empire. Où est l'Autriche, au milieu de ce conflit inextricable? L'ensemble des nationalités qui la composent forme un tout; mais ces nationalités se dispersant au contact de la main qui veut les réunir, cet empire m'a tout l'air d'un fantôme qui s'évanouit.

Actuellement, le gouvernement autrichien combat ses propres sujets, en opposant les Slaves aux Allemands, *et vice versâ*, excitant les rivalités des races entre elles. Cette tactique infernale aura un terme. Les populations, fatiguées de s'entrégorger au profit d'un gouvernement qui n'est plus que l'ombre de lui-même, finiront par se retourner contre lui.

La division existant entre ses peuples, fait la force de l'empereur. Leur réunion inattendue, et qui ne peut manquer de s'effectuer, le réduira à l'abdication de son pouvoir, ou le forcera à reconstituer un royaume sur une base nouvelle.

Depuis un temps immémorial, l'Allemagne gravitait vers l'empire d'Autriche, la tête de la confédération. L'assemblée nationale de Francfort bat en brèche cette attraction dangereuse. L'Allemagne ne sera libre que lorsqu'elle sera entièrement dégagée de l'influence autrichienne. Cette préoccupation agite tous les esprits. On sent très bien que la question d'avenir du pays dépend de la solution de ce problème. L'Autriche tient essentiellement à la direction de l'Allemagne qui lui échappe. Elle met tout en œuvre pour arriver à ce but. Elle se trompe étrangement si elle croit pouvoir réussir. Eût-elle ressaisi momentanément son ancien ascendant moral, l'intérêt de sa politique la forcera à abandonner une route qui était bonne anciennement, mais qui ne la conduirait aujourd'hui à aucun résultat satisfaisant. Son obstination orgueilleuse finira par lui susciter une guerre avec l'Allemagne, sur une question de suprématie qui ne lui appartient plus; ce sera une faute énorme ! L'Autriche est sur un abîme. Conserver ce qu'elle possède intégralement, il n'y faut pas penser. Qu'elle fasse des sacrifices nécessaires, et qu'elle porte sa tente vers le bassin oriental du Danube, là est son avenir !

Des races composant l'empire d'Autriche, la race slave est la plus nombreuse. Elle forme plusieurs groupes considérables, séparés par la race madgyare ou hongroise, qui s'est implantée par la conquête au milieu de populations autrefois unies et maintenant coupées. La Gallicie, la Transylvanie, la Croatie, la Slavonie, voilà la partie slave de l'Autriche. Mais la Slavonie et la Transylvanie, touchant aux principautés de la Moldavie, Valachie, Servie et Bosnie, dont les populations sont slaves de la même manière, n'est-il pas évident que ces provinces morcelées à l'infini sont le noyau d'un grand peuple, qui n'attend qu'une organisation puissante pour être créé et prendre une place respectable dans la famille européenne.

Que l'Autriche soit le Messie de ces populations dont le morcellement fait le désespoir. Qu'elle réunisse ces parties semblables ; que celles qui ne le sont pas y soient jointes au moyen d'une fédération fraternelle, qui n'assujétisse aucune nationalité à une autre, et l'empire slave du bassin oriental du Danube sera formé, et opposera une barrière aux envahissements de la Russie, vers ces contrées qui la rapprochent de Constantinople ! Mais non, l'Autriche aveuglée, livre à la Russie des provinces qui devraient lui appartenir. Le Danube est la clef de l'Autriche, et l'embouchure de ce fleuve est au pouvoir de la Russie, laquelle, en le remontant, peut aller jusqu'à Vienne ! Cette puissance couvre de ses bataillons les principautés danubiennes, et l'Autriche ne comprend pas qu'elle signe son arrêt de mort ! Non contente de livrer les Slaves méridionaux au protectorat du czar, elle l'appelle encore parmi ceux de son empire !

Elle ne sait donc pas que la Russie a eu et a peut-être encore l'espoir secret de fonder un empire colossal slave, étant slave elle-même en partie. Que fait donc l'Autriche ? Placée entre l'Allemagne, qui réclame la partie allemande de ses États, et la Russie, qui envahit ses provinces slaves, je vois une disssolution prochaine d'un empire qui pourrait encore se sauver en se reconstituant, mais qui manque d'énergie pour une tâche si importante. Ses trésors et le sang de ses soldats sont prodigués pour le succès de guerres intestines, ou bien pour l'entreprise insensée de conserver l'Italie, qui tôt ou tard se débarrassera de ses serres.

Qu'adviendra-t-il de ces massacres inutiles? Je le répète, la chute d'un royaume qui n'a plus de racines et qui étend ses branches au delà de sa portée. Que l'Autriche concentre son action, au lieu de la disperser; s'il en est temps encore, qu'elle éloigne l'incendie allumé par elle aux quatre coins de l'empire, et que sa politique machiavélique a entretenu avec tant de soin, et une ère glorieuse s'ouvrira pour elle. Placée aux avant-postes de la civilisation, au lieu de donner la main aux barbares du Nord, et de leur faciliter le passage menant au cœur de l'Europe, qu'elle soit sa sauvegarde, qu'elle résiste courageusement aux conseils perfides de la Russie, qui l'entraîne à sa ruine et s'apprête à s'arrondir à ses dépens. Ennemie jurée de la démocratie, qu'elle se réconcilie avec elle; forte de son appui, elle renaîtra de ses cendres plus vivace, et fournira encore une carrière ne le cédant en rien à son passé! Malheureusement, la vieille monarchie autrichienne est loin de suivre cette conduite prudente; gouvernée par la main débile d'un enfant, sous la tutelle d'une femme orgueilleuse, sous les inspirations dangereuses d'un vieillard intraitable, on peut dire de cette cour ce que l'Empereur disait d'un parti célèbre, elle n'a rien oublié et rien appris. Une situation nouvelle veut une politique nouvelle; si l'Autriche ne comprend pas cette pensée politique, elle portera la peine de son manque de jugement!

CHAPITRE V.

LA RUSSIE DEVANT L'EUROPE DÉMOCRATIQUE.

La Russie, des grandes puissances européennes, est le seul pays qui, depuis Février, n'ait reçu aucune atteinte du mouvement révolutionnaire. Son gouvernement absolu s'est maintenu intact au milieu du bouleversement général. Cela tient à l'esclavage abrutissant où sont plongées ses populations, trop peu avancées dans la civilisation pour participer encore à la communion des autres peuples.

La religion, comme dans toute société primitive, offre au pouvoir de l'autocrate une force immense. Chef de la religion, en même temps que chef du gouvernement, le czar imprime un caractère sacré à ses commandements ; ses ordres sont non-seulement respectés, mais encore vénérés. L'empereur, aux yeux des Russes, n'est pas un homme, c'est presque un Dieu. C'est une idole vivante devant laquelle on se prosterne pieusement. Il ordonne, et le fanatisme des descendants des Scythes est prêt à obéir aveuglément au signal d'une nouvelle guerre sainte ! et cette guerre se prépare dans l'ombre..... En cela la Russie ne fait qu'obéir à ses traditions, à la politique de Catherine II, qui a rêvé un empire colossal, s'agrandissant de jour en jour, et qui menace d'envahir les autres États. Depuis cent ans que la Russie compte parmi les peuples de l'Europe, voyez quel art a présidé à ses conquêtes vers l'Orient et l'Occident.... Elle avance à pas lents, mais si l'on n'y prend garde, elle nous enlacera de ses bras gigantesques.

Son but fixe en Orient, c'est la conquête de Constantinople ; en Occident, elle cherche à arriver à l'absorption des peuples qui l'entourent ; elle y a réussi complètement, et menace déjà la Prusse et l'Allemagne, jusqu'au moment où elle menacera la France. Elle a déjà envahi en Europe, à l'occident, les provinces de la Baltique, la Finlande, la Pologne ; à l'orient, les provinces de la Mer-Noire ; ajoutez l'occupation des provinces danubiennes, occupation qui a tout l'air d'être définitive, avec l'insouciance remplie d'honnêteté de l'Europe à son égard. Eh bien ! si la progression continue, jugez ce qu'il adviendra de la civilisation !... L'empire de Russie touche à la Chine au nord, à la Perse à l'ouest, à l'Allemagne et à la Prusse en s'avançant vers l'est. Il embrasse une étendue quatre fois plus grande que l'Europe : cet accroissement s'est opéré en moins de cent ans, et nos diplomates ne s'émeuvent pas ! Qu'attendez-vous ? que les Cosaques soient au bord du Rhin ?

Campés dans les provinces danubiennes, ils fixent et menacent Constantinople, et là ils peuvent continuer vers l'Asie leur poursuite conquérante , puisqu'alors ils sont possesseurs des passages qui y conduisent. En Europe, ils brûlent d'ajouter la Pologne autrichienne et prussienne à celle qu'ils occupent. Le moment n'est point encore arrivé. Vienne la dissolution de l'Autriche, la Russie ne manquera pas de profiter de cette bonne fortune. Placée aux confins de l'Europe, la Russie, formée de peuples sauvages, étrangers à la mollesse des nations civilisées, cette puissance est à l'Europe ce que les barbares étaient au Bas-Empire. Son mouvement en avant est irrésistible, et les évènements de Février servent à le précipiter.

La Russie, de tout temps, s'est regardée comme l'arche sainte de l'absolutisme. Lors de notre première révolution , elle a tiré le glaive pour défendre seulement un principe, l'intérêt de ses États n'étant point en jeu à cette époque.

Maintenant que l'Europe entière est imprégnée de l'esprit révolutionnaire, que des institutions démocratiques fonctionnent à ses frontières, pensez-vous que le czar ne réfléchira pas au danger d'un pareil voisinage.

Deux idées doivent se présenter à son esprit. Si la démocratie franchit la ceinture de baïonnettes entourant son empire, l'absolutisme attaqué dans son dernier repaire n'a plus qu'à rendre le dernier soupir. Quelle force d'expansion la liberté n'est-elle pas appelée à rencontrer auprès d'hommes soumis à la servitude! Si, au contraire, les armées russes éloignant ce péril portaient un défi à l'Europe révolutionnaire, les armes décideraient, et la Russie, dans le cas où elle serait victorieuse, deviendrait l'arbitre des destinées du monde! Cette puissance ne peut sortir de cet impasse ; la démocratie la menace par la paix aussi bien que par la guerre. Seulement avec la paix elle ne peut se défendre ; avec la guerre elle a l'espoir d'étouffer le monstre à sa naissance : son choix ne saurait être douteux. D'ailleurs, comme je l'ai dit, la Russie est essentiellement le champion du despotisme; pour exister, elle doit défendre ce principe attaqué par notre révolution. Ainsi , quand la conservation intacte de son pouvoir n'engagerait pas l'empereur de Russie à intervenir en Europe, son honneur le lui commanderait. Et puis, ses ambitieux projets ne seraient-ils pas anéantis par suite de cette fraternité des peuples entre eux, qui se lèveraient comme un seul homme pour sauvegarder leur indépendance au moindre mouvement vers eux ?

Des deux principes en présence, le principe démocratique et le principe absolutiste, la Russie soutient donc le dernier. L'attaque est venue de la démocratie, la réponse à ce défi ne se fera pas attendre de la part de l'absolutisme.

Depuis un an le czar fait des préparatifs formidables. Ses armées, portées à un chiffre énorme, se sont subitement ébranlées et couvrent déjà de leurs épais bataillons les frontières occidentales de son empire ; elles n'attendent que le commandement du maître pour se ruer sur des pays dont ils ont conservé des souvenirs attrayants : elles se rappellent 1814 et 1815. Les hordes de Cosaques et de Baskirs s'apprêtent à souiller une seconde fois le sol de notre patrie ! Les Russes habitent des régions inclémentes, et envient ces belles contrées où la nature a prodigué ses faveurs. C'est avec enthousiasme que les Russes regagnent leurs corps ; ils voient en perspective de vertes prairies où leurs chevaux agiles iront paître en liberté...

Que fait l'Europe en face de cette irruption qui la menace ? Elle discute des constitutions ! ou bien, si elle jette de temps à autre un regard inquiet du côté de l'horizon, elle suppute tranquillement ce que *lui coûtera* la défense de son territoire ! Tant pour l'honneur, dit-elle... c'est bien cher ! Attendons la marche des évènements, reprennent les politiques. Oui, attendez, âmes pusillanimes, et l'horreur d'une invasion vous réveillera de votre égoïsme. Mais alors, quel parti prendre, lorsque l'imprévoyance et l'impéritie des rhéteurs auront gâté la situation ? ne sera-t-il plus trop tard ? Les harangues sont superflues... Il faut agir !... Aux murailles ! disaient les anciens barons, lorsque leurs châteaux étaient attaqués ; à la frontière ! tel est le cri des peuples en Europe, ayant conservé le feu sacré de la patrie. Rappelons-nous ce mot de l'Empereur : « Avant cinquante ans, l'Europe sera républicaine ou cosaque. »

L'Europe laissera-t-elle fouler son territoire par le pied des barbares? Qu'elle réponde? Veut-elle vivre libre ou mourir esclave?

CHAPITRE VI.

LA FRANCE, PROTECTRICE DES NATIONALITÉS OPPRIMÉES, DOIT ÊTRE LE BOULEVARD DE LA LIBERTÉ EN EUROPE.

Dans les chapitres précédents, j'ai développé les causes de la transformation de l'Europe; avant d'entamer celui-ci, résumons sommairement l'état actuel de chaque puissance.

L'Angleterre est paralysée par la misère de ses populations, qui commencent à remuer et à lui donner de sérieuses inquiétudes. La paix est pour elle une condition d'existence. Ses ressources ne suffisent pas à calmer les souffrances horribles assiégeant ses workhouses; elle se tient donc en observation, usera de son influence pour empêcher la guerre, et n'y prendra part que poussée par l'intérêt majeur de son commerce, passant avant tout autre.

L'Allemagne se dispose à faire alliance avec la démocratie, et à embrasser la cause des peuples contre les rois. Un enfantement douloureux la travaille. Divisée par la politique des cours, elle cherche à constituer sa nationalité et à réunir ce que l'on s'était étudié à séparer. L'Assemblée nationale de Francfort, si elle ne réussit pas entièrement à terminer l'édifice, en a construit les bases de manière à laisser à ses successeurs une force contre laquelle ses ennemis se briseront. L'Allemagne entre dans une voie nouvelle; l'avenir lui appartient!

L'Autriche était un empire puissant avant février; depuis, être ou ne pas être, voilà sa situation. La multiplicité de ses nationalités et leur jaloux antagonisme, l'ont aidée à fomenter la guerre civile. Elle s'épuise dans son propre sang. Un peuple soumis, un autre élève l'étendard de la révolte : ceci ressemble à l'hydre toujours renaissante. L'heure de la justice et de la vengeance sonnera un jour! cette puissance s'écroulera sous

la malédiction des cités bombardées, capitales de son empire.
Lorsque le canon est le dernier argument des gouvernements,
il finit par se retourner contre eux. Sicaire de l'absolutisme,
l'Autriche peut se sauver en suivant l'exemple de l'Allemagne et
en déployant le drapeau de la démocratie. Il ne faut pas l'espérer ; les despotes sont incorrigibles, ils reviennent rarement sur
leurs pas, et préfèrent se préparer de sanglantes funérailles !

La Russie s'est toujours posée en défenseur du despotisme ;
sa ligne de conduite lui est tracée à l'avance. Ennemie acharnée
de la démocratie, elle luttera contre elle jusqu'à la mort. Cette
puissance représente la barbarie résistant énergiquement à la
civilisation. Et si l'on consulte l'histoire, on verra que ces deux
principes inconciliables ont été et seront toujours en présence
sur quelque point du globe que ce soit. Aux grandes époques
de l'humanité, tantôt la civilisation a refoulé la barbarie ; tantôt
elle a été vaincue par elle. La Russie est le berceau des migra-
tions qui ont inondé de leurs torrents dévastateurs les pays les
plus éloignés. Elle va recommencer son œuvre de fatalité. Veil-
lons ! En présence de la gravité de la situation de l'Europe,
quel est le rôle que doit jouer la France ? Depuis que la France
est constituée en corps de nation, sa politique a eu de tout temps
pour but d'étendre sa main secourable sur les nations secon-
daires, de les mettre à l'abri des violences de leurs voisins plus
puissants. Cette mission admirable, qui fait d'un pays la Pro-
vidence des autres peuples, nous a élevés où nous sommes. Les
nobles sentiments inspirent les nobles actions ; si la France a
rempli l'univers du bruit de ses exploits héroïques, elle le doit
à cette politique remplie jusqu'ici de magnanimité, qui faisait de
chacun de ses soldats un homme de cœur allant secourir son
semblable. La loyauté et la générosité proverbiales de la France
lui imposent des devoirs. Noblesse oblige, disaient nos ancêtres :
est-ce que les enfants des combattants de Marengo, Arcole et
Austerlitz, ne sont pas tenus de faire respecter ces glorieuses
traditions ? Le sang généreux de nos pères a coulé pour la défense d'un principe, celui de la liberté des peuples ; ce mot
magique a été inscrit sur notre drapeau, au milieu de la mi-

traille. Sans forfaire à l'honneur, nous ne pouvons abandonner une cause sanctifiée par la mort de tant de martyrs !

La France est l'avant-garde de la civilisation. En 89 et 1848,
elle a jeté le défi à l'absolutisme ; appelant les peuples à l'indépendance, elle leur a crié : En avant ! suivez-moi ! Peut-elle
reculer, quand de tous côtés les nations opprimées secouent
leurs chaînes et s'en servent pour terrasser leurs tyrans ? La
France qu'ils ont imitée, peut-elle les laisser asservir de nouveau ? Non ! mille fois non !..., — Nous sommes les provoca-
teurs ; le despotisme nous a répondu : L'épée de Brennus doit
sortir du fourreau, et faire pencher le sort en faveur de la liberté en appuyant fortement sur les plateaux de la balance qui
pèse les destinées des peuples !

Depuis la chute de l'empire, on a abandonné la grande politique professée par Louis XI, Richelieu, la Convention et
Napoléon, pour suivre celle que j'appellerai la politique bour-
geoise, c'est-à-dire qu'au lieu d'embrasser l'horizon du génie
qui convient à une grande nation, on en est venu à raser la
terre, et à s'enchevêtrer au milieu du dédale des intérêts compromis de quelques gros bonnets de la finance. La Bourse, qui
s'enrichit du malheur des peuples, et qui cote les désastres et
la honte à un plus haut prix que les victoires et la gloire, est
devenu le baromètre sur lequel se règlent les politiques de ces
temps-ci ! O dérision ! les sanglots et les déchirements d'une
nation sont livrés au scalpel impitoyable des hommes d'argent,
qui profitent du désespoir public ! Que parlez-vous d'honneur ? J'ai prononcé le mot de guerre, je crois ? Chut ! —
parlez bas... Les fonds vont baisser.... Mais la Sainte-Alliance
des rois menace notre république. Vive la république, crieront
nos banquiers,.. et les fonds hausseront ! Et c'est en France
que de semblables turpitudes se passent ! Serions-nous arrivés
au Bas-Empire ? Je ne veux pas, je ne puis pas le croire.
Cette servitude honteuse d'un matérialisme cynique n'est que le
résultat de la corruption, conséquence préparée par une monarchie sans pudeur. La France quittera cette robe empoisonnée,
et redeviendra ce qu'elle était, ce qu'elle est encore, la grande

nation ! Gloire et patrie ! telle était la devise de nos ancêtres. Ce sentiment vibre encore dans le cœur des Français. Ne vous réjouissez pas trop, amis fidèles de nos bons alliés, craignez le réveil du lion !

La politique générale des peuples se résume en deux mots : l'intervention ou la non-intervention. Les principes s'appliquant à l'un ou l'autre cas, dirigent les négociations dans les rapports réciproques des nations entre elles ; ainsi la diplomatie roule sur cette base. Commençons par l'intervention. — Qu'est-ce que l'intervention ? L'intervention est l'action d'un peuple, qui le porte à s'immiscer dans les affaires intérieures d'un autre peuple. L'intervention, en droit, est attentatoire à la liberté des peuples, et ne peut être légitimée que dans deux cas : lorsqu'une nation amie en appelle une autre à son secours, quand elle n'est point assez forte pour résister à un ennemi commun, ou bien lorsque par suite d'une intervention violente chez un peuple quelconque, vos frontières se trouvent découvertes, et que par ce fait l'équilibre nécessaire à la sécurité générale est rompu. Si la justice préside à la politique, elle exige que les peuples soient maîtres absolus chez eux ; respecter en tout temps, en tout lieu ce droit imprescriptible de l'humanité, telle est, à mon sens, la politique la meilleure et seule digne d'une nation libre et généreuse ; l'intervention pour arriver à faire respecter la non-intervention par les autres, tel est le rôle qui convient à la France.

Y a-t-il en effet rien de plus odieux et de plus brutal que cette compression exercée sur les petits États par d'autres plus redoutables. La raison du plus fort est toujours la meilleure, a-t-il été dit il y a longtemps. Ce n'est que trop vrai malheureusement. Si le régime de l'équité faisait enfin place à celui de l'arbitraire ? Que penser de ces partages iniques de territoires où les hommes sont comptés et classés à l'instar de vils troupeaux, où les nationalités scindées sont violemment rattachées à des populations qui leur sont hostiles ; voilà pourtant les effets funestes de l'intervention. Avec cette manie d'intervenir chez les autres, on arrive d'abord comme protecteur, ensuite comme conquérant. Chaque usurpation a été amenée par un fait de cette nature.

Voyez l'Angleterre, la Russie : chaque fois que ces puissances ont l'intention de conquérir un pays, elles commencent d'abord par diviser les populations, se présentent ensuite comme médiatrices, plus tard comme protectrices, et enfin, après avoir fait plier les nations sous leur influence intéressée, un beau jour elles s'emparent de l'autorité qu'elles exerçaient de fait. La non-intervention reconnue loyalement par tous les peuples est le remède à ces conquêtes injustes, préparées par la fourberie.

La non-intervention est la politique à suivre, ai-je dit ; néanmoins elle ne doit pas être absolue, mais relative. Se garder d'intervenir par respect du droit commun, dérivant de cette maxime : Ne fais pas à autrui ce que tu ne voudrais pas qu'on te fasse, tandis que ce principe serait violé par un peuple moins scrupuleux, serait une duperie. Ce serait pratiquer cette politique si vantée depuis dix-huit ans, et qui n'a abouti qu'à la honte, et suivant une expression devenue célèbre, qu'à une halte dans la boue ! Rester chez soi, et s'isoler du reste du monde, ne point s'inquiéter de ce qui se passe ailleurs, serait, même chez un particulier, très blâmable ; à plus forte raison chez une nation. Pour une semblable politique, il n'est pas besoin de payer des frais énormes d'ambassadeurs. Appeler cette conduite, trop prudente pour être honorable, de la politique, est par trop ambitieux ; je n'y vois que de la lâcheté recouverte du fatras du jargon diplomatique ; en un mot, c'est de la politique négative, prête à courber son indifférence et son imprévoyance devant la loi peu gênante et humiliante des faits accomplis.

La nation qui se prêterait à cette abdication volontaire, deviendrait la risée du monde, et le mépris qu'elle inspirerait la ferait déchoir promptement et pour toujours du rang qu'elle occupait jadis....

La carrière à parcourir par un peuple lui est tracée par Dieu même... Le génie de l'Angleterre ne ressemble pas au génie de la France, celui de l'Allemagne n'est point celui de la Russie. Chaque peuple a donc un caractère distinct qui le pousse dans telle ou telle voie. La conservation absolue et l'isolement diplomatique, appliqués à la politique, c'est nier le mouvement, loi fondamentale de la nature. Les peuples naissent et meurent, mais après avoir accompli leur mission. Depuis la création du monde, les peuples tissent une immense toile ; ils viennent, chacun en se succédant et en se faisant place, y apporter quelques fils. Ils sont guidés par une main invisible, qui leur a désigné à l'avance la place qu'ils doivent occuper. Ceci explique les différences sensibles existant entre les peuples. Vouloir arrêter une nation au milieu de sa course vers ses des_tinées, c'est de la démence ; autant vaudrait arrêter les astres dans leur rotation majestueuse !

Ainsi la conservation absolue en politique extérieure n'est pas meilleure qu'en politique intérieure ; ce système présente un danger égal des deux côtés. La non-intervention respectée partout, afin de laisser les peuples libres de modifier à leur guise leur gouvernement, et au besoin l'intervention, afin de la faire respecter, telle est la politique à suivre par notre pays, politique tracée par nos grands hommes. Ceci posé, je vais passer en revue les puissances de l'Europe, en expliquant le langage que les circonstances où nous sommes nous forcent de prendre vis-à-vis d'elles.

CHAPITRE VII.

POLITIQUE DE LA FRANCE AVEC L'ANGLETERRE.

Le caractère de la politique anglaise vis-à-vis des peuples, est, ainsi que nous l'avons dit, l'intérêt mercantile poussé à son dernier degré. Écouler les produits de ses manufactures par tous les moyens en son pouvoir, légaux ou non, voilà son souci unique. N'est-ce pas provoquer de la part de ses alliés une juste défiance ? Ne peut-on pas raisonnablement admettre que l'intérêt qui porte l'Angleterre à projeter une alliance avec une nation, lui fera rompre cette alliance le jour où elle trouvera des avantages plus considérables avec une autre ? L'expérience est là pour prouver que cette allégation n'est que trop fondée. La perfidie de ce peuple de marchands est devenue proverbiale : il a l'habitude de légitimer à ses yeux l'infamie de ses trahisons par l'importance du gain qui lui en revient. L'alliance anglaise est donc une comédie ; aucun diplomate exercé ne se laissera tromper à ces protestations mensongères d'un cabinet faisant de la politique en partie double. On peut fermer les yeux sur ses intrigues, afin de mieux les déjouer ; mais les ignorer serait impardonnable, et impliquerait de la part d'un homme d'État une incapacité notoire, pour ne pas dire plus... Cependant, à entendre les politiques du dernier règne, l'alliance anglaise était la seule ancre de salut pour la France ; on en était venu à sacrifier notre dignité, notre honneur au scrupule de porter atteinte à une entente cordiale si vantée, et existant plutôt dans les mots que dans les faits ; car l'exigence de cette intime alliée finissait par devenir bien lourde, et sans la mansuétude par trop chrétienne de nos gouvernants, l'entente cordiale aurait pu plus d'une fois être gravement compromise.

Le sentiment public en France s'est ému de cette soumission aveugle d'un gouvernement aux fantaisies d'un autre, et l'indignation attachée à la conduite des satisfaits est là pour affirmer que l'orgueil national était blessé de cette condescendance un peu rampante.

La France marchait à la remorque de l'Angleterre ; c'est ainsi que cette puissance entend les alliances. S'allier avec elle, c'est subordonner son influence à la sienne. Une grande nation ne saurait sans rougir accepter un rôle si indigne.

Si des sacrifices à une nation amie étaient le prix d'une fidélité à toute épreuve, l'intérêt capital d'une telle alliance pourrait excuser cette condescendance ; mais vous vous dépouillez sans aucun profit. Vienne une circonstance critique où la France ait besoin du concours de cette alliée fidèle, qui lui coûte si cher, qu'arrivera-t-il? comme toujours, la perfide Albion se tournera contre nous, et sera même de nos ennemis le plus acharné. On aura beau faire et beau dire, les races anglaise et française se sont trop longtemps combattues pour jamais se chérir tendrement. Cette répugnance des deux peuples l'un pour l'autre est instinctive et ne s'explique pas. Je constate le fait, voilà tout.

Entre une hostilité déclarée et une alliance intime, il y a des rapports de bon voisinage et de politesse réciproques, convenant à des nations qui s'estiment. L'intérêt commun des deux peuples leur commande de vivre en bonne intelligence; dans ce cas il n'est pas nécessaire de s'allier intimement.

Les nations comme les individus doivent choisir leurs amis. En société nous avons quelques bons amis sur lesquels nous comptons, et qui nous aident à supporter l'adversité, et de simples connaissances avec lesquelles nous vivons entre l'intimité et l'hostilité.

Il est absurde de vouloir se confier intimement à des gens que l'on soupçonne de vouloir nous trahir; eh bien! la position de l'Angleterre vis-à-vis de la France est la même. La France ne doit point avoir confiance dans l'Angleterre, qui l'a abandonnée et trahie plusieurs fois, d'où il suit qu'elle ne peut pas s'engager dans une alliance où sa loyauté lui dicterait une conduite qui ne serait pas partagée.

Ainsi, une réserve absolue et une neutralité rigoureuse doit être gardée vis-à-vis de la Grande-Bretagne; que la France règle sa conduite sur la sienne. Si l'Angleterre se conduit loyalement, que nos procédés soient identiques; si au contraire elle prête la main à nos ennemis, rendons-lui la même monnaie, et liguons-nous avec les siens; et, Dieu merci! ils sont nombreux.

Dent pour dent, œil pour œil, telle était la politique de l'empereur avec l'Angleterre : il la connaissait bien. Suivons ses traditions, ce sont celles du génie et de la gloire! Son autorité vaut bien celle de nos politiques de la Bourse.

CHAPITRE VIII.

POLITIQUE DE LA FRANCE AVEC L'ALLEMAGNE.

Avant Février, l'Allemagne avait contre nous un vieux levain de rancune. Ses nombreuses défaites sous notre première révolution la rendaient nécessairement hostile à la France. Les souverains avaient d'ailleurs intérêt à entretenir cette susceptibilité de l'honneur national froissé par nos victoires , et ils ne s'en faisaient pas faute. Excitée et tenue en haleine contre nous, l'Allemagne, à cette époque, était anti-française. Un appel aux armes, de la part de ses rois, l'eût trouvée remplie d'ardeur et prête à venger ses désastres.

Après Février, la situation a bien changé. L'Allemagne a quitté sa vieille armure du moyen âge pour revêtir la parure remplie d'avenir de la démocratie. Les yeux fixés sur la France, elle s'est inspirée de ses souvenirs et de son exemple, et poursuit courageusement la tâche qu'elle a entreprise , c'est-à-dire la reconstruction de sa nationalité. Où sont ses amis, où sont ses ennemis? voilà ce que l'Allemagne s'est demandé dès le commencement de la révolution? La réponse n'a pas été longue. Elle n'a eu qu'à jeter un regard sur la carte de l'Europe. Qu'y a-t-elle vu? Elle a vu et pu apprécier du côté de la France une sympathie profonde , des encouragements sincères. Du côté de l'Autriche et de la Russie , ses anciens alliés , elle a remarqué au contraire une politique cauteleuse, cherchant à entraver ses efforts , et enfin une hostilité déclarée lorsque ces puissances ont pu jeter le masque , et mettre à découvert leurs tendances absolutistes , ennemies de toute idée de liberté ; ne fût-ce que l'ombre de ce mot.

Qu'en est-il résulté? Que l'Allemagne tend à se détacher de plus en plus des cours du Nord ; et comme cette politique, devenue évidente par le fait de la nomination du roi de Prusse au nouvel empire d'Allemagne [1] , va lui attirer sur les bras les forces réunies de l'Autriche et de la Russie, elle est irrésistiblement amenée vers la France, qui saura, si elle comprend sa dignité et son intérêt, lui tendre une main secourable et la protéger de sa puissante épée. Et que l'on ne s'y trompe point, la France et l'Allemagne réunies sont appelées à combattre l'absolutisme et à livrer la bataille suprême qui décidera entre la barbarie et la civilisation.

L'Allemagne ne sortira point de cette situation. Elle le sait bien. En reconstituant sa nationalité, elle brise les traités de 1815 qui forment la base des négociations sur lesquelles l'Europe absolutiste consent seulement à traiter actuellement. Or, en les rompant, c'est une déclaration de guerre à l'Autriche, à la Russie, et peut-être à l'Angleterre si elle soutient ces dernières. La France ayant déchiré ces traités au 24 février, en invitant les peuples à reconstituer leurs nationalités détruites, l'Allemagne imitant la France, est donc forcée de s'unir étroitement à elle. Il serait absurde de penser que l'Autriche se laissera déposséder de l'influence qu'elle exerçait jadis sur l'Allemagne, sans résister et sans défendre ce qu'elle considère comme ses droits, l'Allemagne revendiquant la partie allemande de ses États.

Ainsi, que la France s'allie à l'Allemagne, que le symbole de fraternité soit désormais la devise des deux peuples, et que lorsque cette nation qui aspire à s'émanciper sera attaquée par l'absolutisme, cherchant à l'écraser avant d'arriver jusqu'à nous, eh bien! dis-je, que la France se lève. Le moment sera venu. Il nous faudra vaincre avec l'Allemagne ou périr avec elle.

Si les rois régnant en Allemagne, à l'instigation du roi de Prusse, qui a si lâchement abandonné l'œuvre dont il devait

---

[1] Le roi de Prusse n'a pas accepté le rôle auquel il aspirait depuis un an. Le courage lui a manqué au moment d'agir, et, saisi de vertige, il cherche à détruire le pouvoir même de l'Assemblée de Francfort, qui lui a offert un empire. Cet acte de folie lui coûtera sa couronne, s'il a l'audace de porter une main criminelle sur les libertés de la nation allemande tout entière.

être le propagateur, cherchaient à arrêter et à comprimer les principes de liberté, et se liguant avec les ennemis de leur pays, appelaient l'étranger, afin d'étouffer les germes de la révolution de février, que la France intervienne alors et prête appui à un peuple opprimé, en cela, elle sera conforme aux principes de politique que j'ai posés. L'intervention pour faire respecter la non-intervention. Je sais que bien des gens me répondront ; mais c'est la guerre, la guerre à outrance ! Que voulez-vous ? Les hommes ne font pas les situations, ils les subissent, et mieux vaut la guerre que la honte, et souvent il faut la guerre pour avoir la paix. Ne jamais se battre, n'empêche pas d'ailleurs qu'on ne soit tenu de le faire un jour ; seulement les conditions changent suivant les déterminations prises. Quand la guerre est dans l'air, on ne l'évite pas. En reculant, vous attirez l'ennemi chez vous, au lieu de porter la guerre sur son territoire ; les conditions sont défavorables au lieu d'être favorables, et suivant un dicton populaire : il vaut mieux briser la vaisselle du voisin, que de laisser briser la sienne.

CHAPITRE IX.

POLITIQUE DE LA FRANCE AVEC L'AUTRICHE.

Le rôle de la France vis-à-vis de l'Autriche est dicté par la conduite de cette puissance : elle doit faire respecter les nationalités, avons-nous dit, et empêcher l'intervention chez les peuples qui veulent se reconstituer ; l'entrée des Russes en Transylvanie et leur immixtion dans les affaires d'un peuple cherchant à conquérir son indépendance, nous donne le droit, au même titre, de prendre parti pour les peuples sous le sceptre de l'Autriche, puisque les Russes prennent parti pour les rois.

Souverain despotique, l'empereur d'Autriche aveuglé requiert le secours des baïonnettes russes, afin d'égorger ses propres sujets. Le czar est logique en se portant au secours d'un sceptre ébranlé, la logique nous commande de la même manière, par contre, de nous placer entre les victimes et les bourreaux, ou d'exiger que les Russes évacuent le pays, sans quoi les populations nous crieront avec raison, dans leur détresse, qu'elles défendent notre cause, celle de la liberté, et que nous les abandonnons après leur avoir promis de les secourir. Serions-nous sourds à la voix de l'honneur ? La France ne commettra jamais cette lâcheté, ou alors il ne resterait plus qu'à se voiler la face, et à gémir sur la ruine d'un pays recevant le coup mortel de sa propre main !

Règle générale, où les Russes se battent, la France doit être en ligne et leur présenter la pointe de ses baïonnettes. Les demi-mesures perdent les États; ne nous faisons pas illusion sur la situation; elle est grave, très grave; de l'énergie est nécessaire.

Le temps des discours est passé, il faut agir en hommes, et prouver que nous sommes bien les enfants de nos pères.

L'Autriche est composée de diverses nationalités qui, livrées à elles-mêmes, finiront par se reconstituer seules. Ce travail tout intérieur peut être retardé, mais non empêché par la résistance du gouvernement autrichien. Au contraire, sa répression brutale précipitera la catastrophe qu'il croit éviter. Dans le cas où les Russes quitteraient le pays, par suite des injonctions fermes de la France, il serait donc impolitique et imprudent d'intervenir alors au milieu de ce conflit de nationalités opposées les unes aux autres; on doit laisser aux nations l'honneur de conquérir leur liberté, et un peuple n'est véritablement mûr pour en jouir que lorsqu'il rompt lui-même ses fers. Le meilleur gouvernement, offert à une nation par une autre nation, fût-elle son amie, a quelque chose d'humiliant, de peu conforme à cette initiative courageuse qui honore un peuple et le fait respecter, en même temps qu'elle le rend redoutable. Aide-toi, le ciel t'aidera : cette maxime s'applique aux nations aussi bien qu'aux individus ; c'est le glorieux mobile qui doit animer les peuples dans la marche progressive de l'humanité.

Le sort de l'Italie préoccupe à juste titre les cœurs généreux. La lutte récente et si désastreuse pour elle qui vient de l'abattre encore une fois aux pieds de son implacable oppres-

seur, lui ôte-t-elle tout espoir dans l'avenir! Nullement. Vaincue par suite de la trahison et de la désunion qui existe entre
ses nombreuses populations, puisqu'elle se trouve paralysée
et ne peut parvenir à secouer le joug de l'étranger, qu'elle
sache attendre patiemment !... qu'elle dévore pendant quelque
temps encore les humiliations ! Du courage ! L'adversité forme
les âmes et les retrempe. Le jour n'est pas loin où l'Italie
sera libre ; mais sa délivrance ne viendra pas des rives du Pô,
elle viendra de l'Autriche même. L'empereur d'Autriche sera
forcé d'abandonner l'Italie, afin de combattre et de lutter contre
ses propres sujets, par de là les monts. De la Hongrie, et de
Vienne partiront les cris de délivrance. L'Autriche ne parve-
nant même pas à soumettre entièrement la Hongrie, c'est un
avis du ciel ; les Madgyars iront à Vienne continuer l'œuvre
si dignement commencée par les braves habitants de cette antique cité !

CHAPITRE X.

POLITIQUE DE LA FRANCE AVEC LA RUSSIE.

La Russie représente en Europe la barbarie aux prises avec
la civilisation. Cette puissance, de création récente, est militaire comme toute nation primitive, et son gouvernement est
despotique comme tout gouvernement militaire. Ce pays est
un vaste camp retranché, où les populations, classées et
numérotées, se meuvent d'une manière méthodique et calculée, sous la pression d'une main de fer ; ce sont des instru-
ments passifs d'une volonté persistante vers une idée fixe.
Pierre Ier et Catherine II, les deux génies qui ont tiré du
néant un peuple qui y était plongé, lui ont tracé la ligne politique qu'il suit invariablement. Possédées d'un orgueil in-
commensurable, ces deux intelligences supérieures ont su
faire passer dans le cœur de leurs sujets une soif insatiable de
conquêtes. Souverains de quelques tribus barbares, d'un geste

sublime, ils leur ont montré les contrées de l'Europe et de l'Asie, en leur disant : elles sont à vous, sachez les conquérir. Et depuis cette époque, la Russie avance vers l'Europe et vers l'Asie, étreignant le monde de plus en plus dans un cercle fatal !

Le génie a compris le génie. Napoléon-le-Grand a soulevé le voile qui recouvrait le projet gigantesque légué à ses successeurs par Pierre-le-Grand.

A son dernier soupir, la dernière pensée de l'empereur a été pour cette France qu'il a tant aimée ! Il lui a jeté un cri d'alarme qui a traversé les mers. Aux fils de ces guerriers valeureux composant ses immortelles phalanges ; je le répète encore, car il faut que ce cri de l'empereur mourant soit gravé dans le cœur de tous les jeunes courages ; il a dit : « *Avant cinquante ans, la France sera républicaine ou cosaque !* » Il leur a légué l'honneur de sauver l'humanité ! La jeunesse française saura se rendre digne d'une si glorieuse tâche. L'empereur sentait bien que notre nation généreuse poursuivrait sa marche vers l'affranchissement général des peuples. Février était pressenti par lui, et Février ce n'est point la France seulement, c'est chaque nation de l'Europe arrivant successivement s'asseoir au banquet de la fraternité des peuples !

Ombre vénérée et chère aux Français, je te salue ! Ta voix plaintive et gémissante sur les malheurs de la patrie, exhalant sur le rocher de Sainte-Hélène ses accents déchirants, a été recueillie pieusement. Les tortures inouïes qu'un lâche subalterne a fait subir à ta grande âme t'ont préparé des vengeurs ! Chacune de tes larmes, chacune de tes souffrances, sont autant de larmes versées, autant de souffrances endurées par les Français de cœur. Loin de la France que tu adorais, loin du fils que tu chérissais, l'Anglais te torturait impitoyablement, et ceux qui, comblés de tes bienfaits, t'ont abandonné dans l'adversité, et ceux qui ont livré la France à l'étranger ont pu vivre sans cacher aux humains l'énormité d'un pareil forfait !

Ah! la génération nouvelle a versé des larmes de sang au récit de ces infamies! Qu'ils soient maudits, les traîtres qui ont pactisé et voudraient de nouveau pactiser avec le Cosaque. A la veille de la lutte que la France va engager avec tes mortels ennemis, j'élève ma voix vers toi, toi, notre empereur, dont le souvenir est sacré, chez le riche de même que chez le pauvre. Jette un regard bienveillant sur la France; réveille au fond de nos cœurs cette vaillance avec laquelle nos pères volaient au combat! Que ton regard d'aigle dirige encore nos armées, et les enflamme d'une noble ardeur. Et alors, la France combattant sous l'égide de son empereur, sera sûre de la victoire!...

Mais, qu'entends-je? Je me prosterne à tes genoux, ombre sacrée... Enfant de la France, relève-toi et écoute : Les décrets éternels vont s'accomplir... Que la France déploie sa bannière et marche! je veille toujours sur elle!... O ciel! qu'aperçois-je? Du nord au midi, la terre tremble sous les pas redoublés des bataillons. Des armées innombrables se choquent... Des morts, des blessés jonchent le sol. J'entrevois des Allemands, des Autrichiens, des Slaves, des Russes... puis des Français, bien loin, bien loin... Les Russes couvrent un espace immense; ils font fuir les populations devant eux et portent partout la dévastation... Les Autrichiens, les Slaves sont vaincus; les Allemands résistent et vont succomber; mais les Français avancent. Ils ont un drapeau sur lequel est écrit : Affranchissement des peuples! Grand Dieu! quel enthousiasme! quel air martial! on dirait les fils du dieu Mars. Ils sont reçus par les Allemands comme des sauveurs. Ils communiquent leur héroïsme aux peuples vaincus un moment auparavant. Les voilà qui s'ébranlent de nouveau. Les Français sont en tête, entonnant l'hymne du combat. Ils atteignent les Russes. Quelle lutte de géants! Que de victimes! Ah! qui l'emportera? Un voile lugubre enveloppe le champ de bataille... Je n'entends que les clameurs des combattants... et puis rien... Les Français seraient-ils vaincus? Mais non; le voile se dissipe... La France triomphe! Les Russes fuient en désordre... Un immense étendard aux couleurs des différents peuples s'élève du milieu du carnage, avec cette inscription : Fraternité universelle! La liberté fera le tour du monde!

FIN.

TABLE DES MATIÈRES.

www.ingramcontent.com/pod-product-compliance
Lightning Source LLC
Chambersburg PA
CBHW051728050726
47598CB00003B/1096